MINISTÈRE
DE LA MARINE ET DES COLONIES.

ADMINISTRATION DES COLONIES.
SOUS-DIRECTION POLITIQUE.

LOIS ET DÉCRETS

RELATIFS

À LA RELÉGATION.

PARIS.

IMPRIMERIE NATIONALE.

M DCCC LXXXVI.

LOIS ET DÉCRETS

RELATIFS

À LA RELÉGATION.

Relégation.

ADMINISTRATION DES COLONIES.

SOUS-DIRECTION POLITIQUE.

LOIS ET DÉCRETS

RELATIFS

À LA RELÉGATION.

PARIS.

IMPRIMERIE NATIONALE.

M DCCC LXXXVI.

LOIS ET DÉCRETS

RELATIFS

À LA RELÉGATION.

LE MINISTRE DE LA MARINE ET DES COLONIES

à Messieurs les Vice-Amiraux commandant en chef, Préfets maritimes; Gouverneurs et Commandants des Colonies; officiers généraux, supérieurs et autres commandant à la mer.

Paris, le 6 août 1885.

NOTIFICATION

de la loi du 27 mai 1885, sur les récidivistes. — Remplacement de la surveillance de la haute police par l'interdiction de séjour.

MESSIEURS, vous trouverez ci-après le texte de la loi du 27 mai 1885, sur les récidivistes.

L'article 2 de cette loi refuse aux diverses juridictions maritimes le droit de prononcer, contre qui que ce soit, la peine de la relégation; vous n'aurez donc pas à vous préoccuper de cette pénalité nouvelle, en ce qui touche le fonctionnement des conseils de guerre et de justice ou des tribunaux maritimes.

Il en est autrement de l'article 19 de la loi précitée qui supprime la surveillance de la haute police et la « remplace par la défense « faite au condamné de paraître dans les lieux dont l'interdiction « lui sera signifiée par le Gouvernement avant sa libération ».

Aux termes du quatrième paragraphe du même article, « restent « applicables pour cette interdiction les dispositions antérieures qui « réglaient l'application ou la durée, ainsi que la remise ou la sup- « pression de la surveillance de la haute police ». En d'autres termes, les juges peuvent désormais, en matière correctionnelle, et notamment en cas de récidive (art. 57 et 58 du code pénal), infliger au coupable la peine accessoire de l'interdiction de séjour, dans tous les cas où celle de la surveillance était prononcée par les lois pénales; en matière criminelle, ils doivent en délibérer *à peine de nullité* (art. 46 du Code pénal) et ont la faculté d'abaisser au-dessous de vingt années la durée de l'interdiction de séjour, ou même d'en dispenser entièrement le condamné.

Les formules suivantes me semblent répondre au vœu de la loi et devront, de préférence à toute autre, être insérées, s'il y a lieu, dans les jugements.

«Fait défense au condamné de paraître, pendant . . *n* . années, «dans les lieux dont le séjour lui sera interdit par le Gouverne- « ment. »

Ou bien :

«Déclare que le condamné sera dispensé de l'interdiction de «séjour. »

J'ajoute que la Cour de cassation a décidé qu'il convenait de considérer cette partie de la loi du 27 mai 1885 comme dès à présent en vigueur, nonobstant la réserve de l'article 21 de cet acte.

Je vous prie d'inviter les juridictions maritimes à se conformer à cette jurisprudence, ainsi qu'aux règles sus-énoncées.

Je vous ferai connaître ultérieurement les formalités qu'il y aura lieu de remplir pour faciliter au Gouvernement le choix des localités à interdire à chaque condamné et la signification des arrêtés d'interdiction.

Recevez, etc.

Signé : GALIBER.

ANNEXE.

LOI

sur les récidivistes.

Du 27 mai 1885.

Le SÉNAT et la CHAMBRE DES DÉPUTÉS ont adopté,

LE PRÉSIDENT DE LA RÉPUBLIQUE promulgue la loi dont la teneur suit :

ARTICLE PREMIER.

La relégation consistera dans l'internement perpétuel sur le territoire de colonies ou possessions françaises des condamnés que la présente loi a pour objet d'éloigner de France.

Seront déterminés, par décrets rendus en forme de règlement d'administration publique, les lieux dans lesquels pourra s'effectuer la relégation, les mesures d'ordre et de surveillance auxquelles les relégués pourront être soumis par nécessité de sécurité publique, et les conditions dans lesquelles il sera pourvu à leur subsistance, avec obligation du travail à défaut de moyens d'existence dûment constatés.

ART. 2.

La relégation ne sera prononcée que par les cours et tribunaux ordinaires comme conséquence des condamnations encourues devant eux, à l'exclusion de toutes juridictions spéciales et exceptionnelles.

Ces cours et tribunaux pourront toutefois tenir compte des condamnations prononcées par les tribunaux militaires et maritimes en dehors de l'état de siège ou de guerre, pour les crimes ou délits de droit commun spécifiés dans la présente loi.

ART. 3.

Les condamnations pour crimes ou délits politiques ou pour crimes ou délits qui leur sont connexes, ne seront, en aucun cas, comptées pour la relégation.

ART. 4.

Seront relégués les récidivistes qui, dans quelque ordre que ce soit et dans un intervalle de dix ans, non compris la durée de toute peine subie, auront encouru les condamnations énumérées à l'un des paragraphes suivants :

1° Deux condamnations aux travaux forcés ou à la reclusion, sans qu'il soit dérogé aux dispositions des paragraphes 1 et 2 de l'article 6 de la loi du 30 mai 1854 ;

2° Une des condamnations énoncées au paragraphe précédent et deux condamnations soit à l'emprisonnement pour faits qualifiés crimes, soit à plus de trois mois d'emprisonnement pour :

Vol;

Escroquerie;

Abus de confiance;

Outrage public à la pudeur;

Excitation habituelle des mineurs à la débauche;

Vagabondage ou mendicité par application des articles 277 et 279 du Code pénal;

3° Quatre condamnations, soit à l'emprisonnement pour faits qualifiés crimes, soit à plus de trois mois d'emprisonnement pour les délits spécifiés au paragraphe 2 ci-dessus;

4° Sept condamnations, dont deux au moins prévues par les deux paragraphes précédents, et les autres, soit pour vagabondage, soit pour infraction à l'interdiction de résidence signifiée par application de l'article 19 de la présente loi, à la condition que deux de ces autres condamnations soient à plus de trois mois d'emprisonnement.

Sont considérés comme gens sans aveu et seront punis des peines édictées contre le vagabondage tous individus qui, soit qu'ils aient ou non un domicile certain, ne tirent habituellement leur subsistance que du fait de pratiquer ou faciliter sur la voie publique l'exercice de jeux illicites, ou la prostitution d'autrui sur la voie publique.

ART. 5.

Les condamnations qui auront fait l'objet de grâce, commutation ou réduction de peine seront néanmoins comptées en vue de la relégation. Ne le seront pas celles qui auront été effacées par la réhabilitation.

ART. 6.

La relégation n'est pas applicable aux individus qui seront âgés de plus de soixante ans ou de moins de vingt et un ans à l'expiration de leur peine.

Toutefois, les condamnations encourues par le mineur de vingt et un ans compteront en vue de la relégation, s'il est, après avoir atteint cet âge, de nouveau condamné dans les conditions prévues par la présente loi.

ART. 7.

Les condamnés qui auront encouru la relégation resteront soumis à toutes les obligations qui pourraient leur incomber en vertu des lois sur le recrutement de l'armée.

Un règlement d'administration publique déterminera dans quelles conditions ils accompliront ces obligations.

ART. 8.

Celui qui aurait encouru la relégation par application de l'article 4 de la présente loi, s'il n'avait pas dépassé soixante ans, sera, après l'expiration de sa peine, soumis à perpétuité à l'interdiction de séjour édictée par l'article 19 ci-après.

S'il est mineur de vingt et un ans, il sera, après l'expiration de sa peine, retenu dans une maison de correction jusqu'à sa majorité.

ART. 9.

Les condamnations encourues antérieurement à la promulgation de la présente loi seront comptées en vue de la relégation, conformément aux précédentes dispositions. Néanmoins, tout individu qui aura encouru, avant cette époque, des condamnations pouvant entraîner dès maintenant la relégation, n'y sera soumis qu'en cas de condamnation nouvelle dans les conditions ci-dessus prescrites.

ART. 10.

Le jugement ou l'arrêt prononcera la relégation en même temps que la peine principale; il visera expressément les condamnations antérieures par suite desquelles elle sera applicable.

ART. 11.

Lorsqu'une poursuite devant un tribunal correctionnel sera de nature à entraîner l'application de la relégation, il ne pourra jamais être procédé dans les formes édictées par la loi du 20 mai 1863 sur les flagrants délits.

Un défenseur sera nommé d'office au prévenu, à peine de nullité.

ART. 12.

La relégation ne sera appliquée qu'à l'expiration de la dernière peine à subir par le condamné. Toutefois, faculté est laissée au Gouvernement de devancer cette époque pour opérer le transfèrement du relégué.

Il pourra également lui faire subir tout ou partie de la dernière peine dans un pénitencier.

Ces pénitenciers pourront servir de dépôt pour les libérés qui y seront maintenus jusqu'au plus prochain départ pour le lieu de relégation.

ART. 13.

Le relégué pourra momentanément sortir du territoire de relégation en vertu d'une autorisation spéciale de l'autorité supérieure locale.

Le Ministre seul pourra donner cette autorisation pour plus de six mois ou la retirer.

Il pourra seul aussi autoriser, à titre exceptionnel et pour six mois au plus, le relégué à rentrer en France.

ART. 14.

Le relégué qui, à partir de l'expiration de sa peine, se sera rendu coupable d'évasion ou de tentative d'évasion, celui qui, sans autorisation, sera rentré en France ou aura quitté le territoire de relégation, celui qui aura outrepassé le temps fixé par l'autorisation, sera traduit devant le tribunal correctionnel du lieu de son arrestation ou devant celui du lieu de la relégation et, après connaissance de son identité, sera puni d'un emprisonnement de deux ans au plus.

En cas de récidive, cette peine pourra être portée à cinq ans.

Elle sera subie sur le territoire des lieux de relégation.

ART. 15.

En cas de grâce, le condamné à la relégation ne pourra en être dispensé que par une disposition spéciale des lettres de grâce.

Cette dispense par voie de grâce pourra d'ailleurs intervenir après l'expiration de la peine principale.

ART. 16.

Le relégué pourra, à partir de la sixième année de sa libération, introduire devant le tribunal de la localité une demande tendant à se faire relever de la relégation, en justifiant de sa bonne conduite, des services rendus à la colonisation et de moyens d'existence.

Les formes et conditions de cette demande seront déterminées par le règlement d'administration publique prévu par l'article 18 ci-après.

ART. 17.

Le Gouvernement pourra accorder aux relégués l'exercice, sur les territoires de relégation, de tout ou partie des droits civils dont ils auraient été privés par l'effet des condamnations encourues.

ART. 18.

Des règlements d'administration publique détermineront :

Les conditions dans lesquelles les relégués accompliront les obligations militaires auxquelles ils pourraient être soumis par les lois sur le recrutement de l'armée ;

L'organisation des pénitenciers mentionnés en l'article 12 ;

Les conditions dans lesquelles le condamné pourra être dispensé provisoirement ou définitivement de la relégation pour cause d'infirmité ou de maladie, les mesures d'aide et d'assistance en faveur des relégués ou de leur famille, les conditions auxquelles des concessions de terrains provisoires ou définitives pourront leur être accordées, les avances à faire, s'il y a lieu, pour premier établissement, le mode de remboursement de ces avances, l'étendue des droits de l'époux survivant, des héritiers ou des tiers intéressés sur les terrains concédés et les facilités qui pourraient être données à la famille des relégués pour les rejoindre ;

Les conditions des engagements de travail à exiger des relégués ;

Le régime et la discipline des établissements ou chantiers où ceux qui n'auraient ni moyens d'existence ni engagement seront astreints au travail ;

Et en général toutes les mesures nécessaires à assurer l'exécution de la présente loi.

Le premier règlement destiné à organiser l'application de la présente loi sera promulgué dans un délai de six mois au plus à dater de sa promulgation.

ART. 19.

Est abrogée la loi du 9 juillet 1852, concernant l'interdiction, par voie administrative, du séjour du département de la Seine et des communes formant l'agglomération lyonnaise.

La peine de la surveillance de la haute police est supprimée. Elle est remplacée par la défense faite au condamné de paraître dans les lieux dont l'interdiction lui sera signifiée par le Gouvernement avant sa libération.

Toutes les autres obligations et formalités imposées par l'article 44 du Code pénal sont supprimées à partir de la promulgation de la présente loi, sans qu'il soit toutefois dérogé aux dispositions de l'article 635 du Code d'instruction criminelle.

Restent en conséquence applicables pour cette interdiction les dispositions antérieures qui réglaient l'application ou la durée, ainsi que la remise ou la suppression de la surveillance de la haute police et les peines encourues par les contrevenants, conformément à l'article 45 du Code pénal.

Dans les trois mois qui suivront la promulgation de la présente loi, le Gouvernement signifiera aux condamnés actuellement soumis à la surveillance de la haute police les lieux dans lesquels il leur sera interdit de paraître pendant le temps qui restait à courir de cette peine.

ART. 20.

La présente loi est applicable à l'Algérie et aux colonies.

En Algérie, par dérogation à l'article 2, les conseils de guerre prononceront la relégation contre les indigènes des territoires de commandement qui auront encouru, pour crimes ou délits de droit commun, les condamnations prévues par l'article 4 ci-dessus.

ART. 21.

La présente loi sera exécutoire à partir de la promulgation du règlement d'administration publique mentionné au dernier paragraphe de l'article 18.

ART. 22.

Un rapport sur l'exécution de la présente loi sera présenté chaque année, par le ministre compétent, à M. le Président de la République.

ART. 23.

Toutes les dispositions antérieures sont abrogées en ce qu'elles ont de contraire à la présente loi.

La présente loi, délibérée et adoptée par le Sénat et par la Chambre des Députés, sera exécutée comme loi de l'État.

Fait à Paris, le 27 mai 1885.

Signé : Jules GRÉVY.

Par le Président de la République :

Le Ministre de l'intérieur,

Signé : H. Allain-Targé.

DÉCRET

portant règlement d'administration publique pour l'application de la loi du 27 mai 1885, sur la relégation des récidivistes.

Du 26 novembre 1885.

Le Président de la République française,

Sur le rapport du Président du Conseil, Garde des sceaux, Ministre de la justice, du Ministre de l'intérieur et du Ministre de la marine et des colonies,

Vu les articles 1, 12, 14, 18, 20 et 21 de la loi du 27 mai 1885;

Le Conseil d'État entendu,

Décrète :

TITRE PREMIER.

ARTICLE PREMIER.

La relégation est individuelle ou collective.

ART. 2.

La relégation individuelle consiste dans l'internement, en telle colonie ou possession française déterminée, des relégués admis à y résider en état de liberté, à la charge de se conformer aux mesures d'ordre et de surveillance qui seront prescrites en exécution de l'article premier de la loi du 27 mai 1885. Ces relégués sont soumis dans la colonie au régime du droit commun et aux juridictions ordinaires.

Sont admis à la relégation individuelle, après examen de leur conduite, les relégables qui justifient de moyens honorables d'existence, notamment par l'exercice de professions ou de métiers, ceux qui sont reconnus aptes à recevoir des concessions de terre et ceux qui sont autorisés à contracter des engagements de travail ou de service pour le compte de l'État, des colons ou des particuliers.

ART. 3.

La relégation collective consiste dans l'internement, sur un territoire déterminé, des relégués qui n'ont pas été, soit avant, soit après leur envoi hors de France, reconnus aptes à bénéficier de la relégation individuelle.

Ces relégués sont réunis dans des établissements où l'administration pourvoit à leur subsistance et ils sont astreints au travail.

Ils sont justiciables, pour la répression des crimes ou délits, d'une juridiction spéciale qui sera organisée par un règlement d'administration publique.

ART. 4.

La relégation individuelle sera subie dans les diverses colonies ou possessions françaises.

La relégation collective s'exécutera dans les territoires de la colonie de la Guyane et, si les besoins l'exigent, de la Nouvelle-Calédonie ou de ses dépendances, qui seront déterminés et délimités par décrets.

Des règlements d'administration publique pourront désigner ultérieurement d'autres lieux de relégation collective.

Il peut être envoyé temporairement, sur le territoire des diverses colonies, des groupes ou détachements de relégués à titre collectif, pour être employés sur les chantiers de travaux publics.

La désignation des colonies où seront envoyés ces relégués, des travaux en vue desquels aura lieu cet envoi, l'organisation des groupes et détachements seront déterminées par décrets rendus en Conseil d'État.

ART. 5.

Les mêmes établissements et les mêmes circonscriptions territoriales ne doivent, en aucun cas, être affectés concurremment à la relégation collective et à la transportation.

ART. 6.

Il est procédé pour l'admission au bénéfice de la relégation individuelle de la manière suivante :

Le parquet près la cour ou le tribunal ayant prononcé la relégation, le préfet du département où résidait le relégable avant sa dernière condamnation, le directeur soit de l'établissement, soit de la circonscription pénitentiaire où le relégable se trouvait détenu en dernier lieu sont appelés à donner leur avis.

Des médecins, désignés par le Ministre de l'intérieur, examinent l'état de santé et les aptitudes physiques du relégable et consignent leurs constatations et leur avis dans des rapports.

Le dossier est transmis à une commission spéciale, dite « commission de classement », sur les propositions de laquelle le Ministre de l'intérieur statue définitivement.

ART. 7.

La commission de classement est constituée par décret sur le rapport du Ministre de l'intérieur, après entente avec ses collègues de la justice et de la marine et des colonies.

Elle est composée de sept membres :

Un conseiller d'État élu par les conseillers d'État, en service ordinaire, président;

Deux représentants de chacun des trois départements de la justice, de l'intérieur et de la marine et des colonies.

La commission élit son vice-président.

Un secrétaire, désigné par le Ministre de l'intérieur, est chargé de la rédaction des procès-verbaux et de la conservation des archives.

La commission ne peut délibérer que lorsque quatre de ses membres au moins sont présents.

Les délibérations sont prises à la majorité des voix; en cas de partage, la voix du président est prépondérante.

ART. 8.

En ce qui concerne les condamnés dont la peine a été subie dans une colonie, il est statué définitivement par décision du Ministre de la marine et des colonies, après avis du Gouverneur et du conseil de santé, sur les propositions d'une commission de classement nommée par le Gouverneur. Cette commission est composée : d'un magistrat, président, et de deux membres chargés de représenter, l'un la direction de l'intérieur, et l'autre le service pénitentiaire.

ART. 9.

Lorsqu'un relégué, subissant la relégation collective, se trouve dans les conditions énoncées dans l'article 2 du présent décret, il peut demander à être admis au bénéfice de la relégation individuelle. Cette demande est soumise à la procédure réglée par l'article 8 et transmise au Ministre de la marine et des colonies, qui statue définitivement. Cette décision est portée à la connaissance du Ministre de la justice et du Ministre de l'intérieur.

ART. 10.

Le bénéfice de la relégation individuelle peut être retiré au relégué : 1° en cas de nouvelle condamnation pour crime ou délit; 2° pour inconduite notoire; 3° pour violation des mesures d'ordre et de surveillance auxquelles le relégué était soumis; 4° pour rupture volontaire et non justifiée de son engagement; 5° pour abandon de sa concession.

Le retrait est prononcé définitivement par le Ministre de la marine et des colonies, sur la proposition du gouverneur, après avis de la commission instituée par l'article 8. Cette décision est portée à la connaissance du Ministre de la justice et du Ministre de l'intérieur.

ART. 11.

Avant le départ des relégués, le Ministre de l'intérieur peut, en cas d'urgence et à titre provisoire, les dispenser de la relégation, pour cause de maladie ou d'infirmité, sur le rapport du directeur de l'établissement ou de la circonscription pénitentiaire et après avis des médecins chargés du service de santé. La dispense, conférée à titre provisoire, ne peut durer plus d'une année. Elle ne peut être renouvelée qu'après avis de la commission de classement instituée par l'article 7.

La dispense ne peut être accordée à titre définitif qu'après l'instruction spéciale prévue à l'article 6 et sur avis conforme de la commission de classement.

TITRE II.

MESURES D'EXÉCUTION EN FRANCE.

ART. 12.

Il est statué par le Ministre de l'intérieur, après avis du Ministre de la justice, sur la situation des relégables avant qu'ils soient envoyés hors de France, notamment en ce qui concerne leur placement dans les pénitenciers spéciaux, créés en vertu de l'article 12 de la loi du 27 mai 1885.

ART. 13.

Les individus condamnés à la relégation qui sont maintenus, pendant tout ou partie de la durée des peines à subir avant leur envoi hors de France, dans les divers établissements pénitentiaires normalement destinés à l'exécution de ces peines, doivent être séparés des détenus non soumis à la relégation.

ART. 14.

Les mesures d'ordre à prescrire dans les divers établissements pénitentiaires ordinaires pour préparer les condamnés à la relégation sont déterminées par décisions ministérielles.

ART. 15.

Les relégables, qui subissent tout ou partie de leur peine dans les pénitenciers spéciaux créés en vertu de l'article 12 de la loi du

27 mai 1885, y sont préparés à la vie coloniale. Ils sont soumis au travail dans des ateliers ou chantiers organisés autant que possible en vue d'un apprentissage industriel ou agricole.

Ils peuvent y être répartis en groupes et en détachements d'ouvriers ou de pionniers pour l'emploi éventuel de leur main-d'œuvre aux colonies.

Aucun contact ne doit exister entre les relégables et la population libre.

Le temps de séjour dans les pénitenciers spéciaux est compté pour l'accomplissement des peines à subir avant l'envoi en relégation.

ART. 16.

La création et l'installation de chacun de ces établissements, l'affectation des emplacements, des bâtiments, des domaines et terrains nécessaires sont ordonnées par décrets, après avis du conseil supérieur des prisons.

Les pénitenciers spéciaux relèvent de l'administration pénitentiaire métropolitaine, sont placés sous l'autorité du Ministre de l'intérieur et soumis aux mêmes conditions générales de gestion et de contrôle que les autres établissements pénitentiaires.

ART. 17.

La répartition et le classement des relégables dans les pénitenciers sont effectués d'après leur conduite, leurs antécédents, leurs aptitudes et leur destination éventuelle.

Il sera tenu compte, dans le règlement intérieur, des différences de traitement qu'implique la nature même de la peine restant à subir aux condamnés avant la relégation, sans qu'il y ait à séparer nécessairement ceux qui, par la dernière condamnation encourue, appartiennent à des catégories pénales différentes.

Toutefois les relégables, qui subissent dans les pénitenciers spéciaux la peine des travaux forcés, ne peuvent être mis en commun, pendant la durée de cette peine, avec les relégables appartenant à d'autres catégories pénales.

ART. 18.

Les relégables ayant accompli la durée des peines à subir avant la relégation peuvent être maintenus en dépôt dans les établissements pénitentiaires ordinaires ou dans les pénitenciers spéciaux jusqu'à leur départ pour les lieux de relégation, notamment pendant l'instruction sur les causes de dispense et pendant la durée des dispenses accordées à titre provisoire.

ART. 19.

Les relégables maintenus en dépôt sont astreints aux conditions de discipline et de travail arrêtées pour chaque établissement, mais avec les différences de régime que comporte leur situation comparée à celle des condamnés relégables en cours de peine.

Il est tenu compte à chacun des relégables maintenus en dépôt de la valeur du produit de son travail, déduction faite d'une part à retenir à titre de compensation pour les dépenses occasionnées par lui dans l'établissement, notamment pour son entretien, et sous réserve des prescriptions réglementaires concernant le mode d'emploi du pécule ainsi que la disposition de l'avoir.

La retenue ne peut dépasser le tiers du produit du travail.

ART. 20.

Il sera organisé, comme pénitenciers spéciaux de relégation pour les femmes, des établissements ou quartiers distincts, dans lesquels la discipline, le régime et les travaux seront appropriés à leur situation, d'après les règles générales édictées au présent décret.

ART. 21.

Les décrets et arrêtés réglementaires nécessaires à l'exécution des articles 14, 15, 19 et 20 ne seront rendus qu'après avis du conseil supérieur des prisons.

ART. 22.

Le transfèrement des relégables aux colonies avant l'expiration des peines à subir en France, conformément à l'article 12 de la loi du 27 mai 1885, est autorisé par le Ministre de l'intérieur, après avis du Ministre de la justice et du Ministre de la marine et des colonies.

ART. 23.

Dans tous les cas où il y a lieu d'effectuer le transfèrement des relégables hors de France, les décisions dont ils ont été l'objet sont transmises au Ministre de la marine et des colonies.

Celui-ci, après avis du Ministre de l'intérieur et de la commission de classement instituée par l'article 7, désigne soit le territoire où doit être envoyé chaque condammé soumis à la relégation collective, soit la colonie ou la possession française où sera interné le condamné admis au bénéfice de la relégation individuelle.

ART. 24.

Les décisions du Ministre de la marine et des colonies et du Ministre de l'intérieur sont notifiées aux condamnés. Ceux qui sont admis à la relégation individuelle reçoivent en outre notification des mesures d'ordre et de surveillance qui feront l'objet d'un règlement ultérieur, conformément à l'article 1er de la loi du 27 mai 1885.

ART. 25.

Les opérations et les époques d'embarquement des relégables sont arrêtées de concert entre les Ministres chargés de l'exécution de la loi.

ART. 26.

Le Ministre de la marine et des colonies fournit tous les six mois au Ministre de l'intérieur, pour chacune des colonies ou possessions françaises, des renseignements et documents permettant d'établir les offres et les besoins de travail qui se produisent, ainsi que le nombre et les catégories de relégables qui peuvent trouver emploi dans les services, ateliers, exploitations ou chantiers, soit publics, soit particuliers.

TITRE III.

MESURES D'EXÉCUTION AUX COLONIES.

ART. 27.

Après leur embarquement et jusqu'à leur arrivée aux lieux de relégation, les relégables sont maintenus en état de dépôt. Ils sont

en outre soumis aux conditions d'ordre et aux règles disciplinaires
déterminées par le Ministre de la marine et des colonies.

Lorsque l'envoi hors de France précède l'expiration des peines,
la durée du transfèrement est comptée pour l'accomplissement de
ces peines.

ART. 28.

A leur arrivée, ou durant leur séjour dans la colonie, les femmes
envoyées en relégation individuelle peuvent, soit sur leur demande,
soit d'office, lorsque des moyens honorables d'existence leur font
défaut, être placées dans des maisons d'assistance et de travail où
il est pourvu à leurs besoins.

Elles peuvent y être maintenues jusqu'à ce qu'elles aient trouvé
à s'engager ou à s'établir dans des conditions suffisantes de bon
ordre et de moralité.

ART. 29.

Un arrêté du Gouverneur, approuvé par le Ministre de la marine
et des colonies, déterminera les facilités à donner aux femmes reléguées pour se procurer du travail et des moyens d'établissement
dans la colonie.

Un règlement d'administration publique fixera les avantages particuliers qui pourront leur être accordés en argent ou en concessions
de terre, en avances de premier établissement, en dons ou prêts
d'outils, d'instruments et de tous objets nécessaires à une exploita-
tion commerciale, industrielle ou agricole. Ces divers avantages
pourront être consentis, tant au profit des conjoints et des enfants à
naître, qu'au profit des femmes reléguées.

ART. 30.

Les femmes qui ont été envoyées en relégation collective peuvent
obtenir les facilités et avantages ci-dessus, lorsqu'elles justifient d'une
bonne conduite et d'aptitudes suffisantes.

ART. 31.

Il sera organisé, sur les territoires affectés à la relégation collective, des dépôts d'arrivée et de préparation où seront reçus et provisoirement maintenus les relégués à titre collectif.

Ces dépôts pourront comprendre des ateliers, chantiers et exploitations ou seront placés les relégués pour une période d'épreuve et d'instruction.

Les relégués y seront formés, soit à la culture, soit à l'exercice d'un métier ou d'une profession, en vue des engagements de travail ou de service à contracter et des concessions de terres à obtenir selon leurs aptitudes et leur conduite.

ART. 32.

Les relégués qui n'ont pas été admis à la relégation individuelle soit avant leur départ de France, soit pendant leur séjour dans les dépôts de préparation, sont envoyés dans des établissements de travail.

Ces établissements peuvent consister en ateliers, chantiers de travaux publics, exploitations forestières, agricoles ou minières.

Les relégués sont répartis entre ces établissements d'après leurs aptitudes, leurs connaissances, leur âge et leur état de santé.

L'administration peut toujours les admettre, sur leur demande, à revenir dans les dépôts de préparation pour une nouvelle période d'épreuve et d'instruction.

ART. 33.

Sur autorisation du Gouverneur et sous les conditions fixées par lui, dans des règlements transmis immédiatement au Ministre de la marine et des colonies et communiqués aux Ministres de la justice et de l'intérieur, des établissements, exploitations et domaines particuliers peuvent être assimilés aux établissements publics que mentionne le précédent article, pour fournir du travail et des moyens de subsistance aux condamnés soumis à la relégation collective.

Il peut, en conséquence, être envoyé et maintenu dans ces établissements privés des groupes ou détachements de relégués qui demeurent placés sous la surveillance des agents de l'État et qui sont soumis au même régime et aux mêmes règles disciplinaires que dans les établissements publics de travail.

ART. 34.

Les relégués qui, sans avoir perdu le bénéfice de la relégation individuelle , en vertu de l'article 10 du présent décret, se trouvent dans l'imposssibilité de pourvoir à leur subsistance, peuvent, sur leur demande, être temporairement employés par les soins de l'administration dans les exploitations, ateliers ou chantiers.

ART. 35.

Les relégués qui sont employés dans un des établissements affectés à la relégation collective sont rémunérés en raison de leur travail, sous réserve d'une retenue à opérer pour la dépense occasionnée par chacun d'eux, notamment pour les frais d'entretien. Cette retenue ne peut excéder le tiers du produit de la rémunération.

ART. 36.

Les relégués placés dans un de ces mêmes établissements peuvent recevoir du dehors des offres d'occupation et d'emploi et justifier d'engagements de travail ou de service pour être autorisés à quitter l'établissement.

Ils peuvent de même être admis à bénéficier de concessions de terre, à raison de leur conduite et de leurs aptitudes.

Les autorisations d'engagement et les concessions n'entraînent pas de plein droit l'admission au bénéfice de la relégation individuelle, qui doit être demandée et obtenue conformément à l'article 9 du présent décret.

ART. 37.

Les peines de la reclusion et de l'emprisonnement prononcées contre des relégués pour crimes ou délits, par quelque juridiction que ce soit, doivent être subies sans délai, à défaut de prisons proprement dites, dans des locaux fermés, spécialement destinés à cet effet, sans réunion ou contact des condamnés ni avec la population libre ni avec les relégués non condamnés.

ART. 38.

Les châtiments corporels sont et demeurent interdits à l'égard des relégués.

ART. 39.

Les commissions de classement, instituées par les articles 7 et 8 du présent décret, sont appelées à donner leur avis avant qu'il soit statué sur la situation des relégués et sur les mesures qui les concernent, spécialement aux cas prévus par les articles 31 à 36.

Le conseil de santé de la colonie est consulté sur toutes les questions intéressant le régime et l'hygiène des relégués.

ART. 40.

Les relégués ont toujours le droit d'adresser leurs demandes et réclamations par plis fermés, soit aux autorités administratives ou judiciaires de la colonie où ils sont internés, soit aux Ministres de la marine et des colonies et de la justice.

Ces demandes et réclamations doivent être transmises indistinctement et sans retard à destination par les soins des fonctionnaires et agents chargés des services de la relégation.

ART. 41.

Les Ministres de la justice, de l'intérieur, de la marine et des colonies sont chargés, chacun en ce qui le concerne, de l'exécution du présent décret, qui sera inséré au *Bulletin des lois*, au *Bulletin officiel* de la marine et aux journaux officiels de la métropole et des colonies.

Fait à Paris, le 26 novembre 1885.

Signé : JULES GRÉVY.

Par le Président de la République :

Le Président du conseil, Garde des sceaux,
Ministre de la justice,

Signé : HENRI BRISSON.

Le Ministre de l'intérieur,

Signé : H. ALLAIN-TARGÉ.

Le Ministre de la marine
et des colonies,

Signé : GALIBER.

LOI

sur les moyens de prévenir la récidive (libération conditionnelle, patronage, réhabilitation).

Du 14 août 1885.

Le Sénat et la Chambre des députés ont adopté,

Le Président de la République promulgue la loi dont la teneur suit :

TITRE Iᵉʳ.

RÉGIME DISCIPLINAIRE DES ÉTABLISSEMENTS PÉNITENTIAIRES ET LIBÉRATION CONDITIONNELLE.

ARTICLE PREMIER.

Un régime disciplinaire, basé sur la constatation journalière de la conduite et du travail, sera institué dans les divers établissements pénitentiaires de France et d'Algérie, en vue de favoriser l'amendement des condamnés et de les préparer à la libération conditionnelle.

ART. 2.

Tous condamnés ayant à subir une ou plusieurs peines emportant privation de la liberté peuvent, après avoir accompli trois mois d'emprisonnement, si les peines sont inférieures à six mois, ou, dans le cas contraire, la moitié de leurs peines, être mis conditionnellement en liberté, s'ils ont satisfait aux dispositions réglementaires fixées en vertu de l'article 1ᵉʳ.

Toutefois, s'il y a récidive légale, soit au terme des articles 56 à 58 du code pénal, soit en vertu de la loi du 27 mai 1885, la durée de l'emprisonnement est portée à six mois, si les peines sont inférieures à neuf mois, et aux deux tiers de la peine dans le cas contraire.

La mise en liberté peut être révoquée en cas d'inconduite habituelle et publique dûment constatée ou d'infraction aux conditions spéciales exprimées dans le permis de libération.

Si la révocation n'est pas intervenue avant l'expiration de la durée de la peine, la libération est définitive.

Au cas où la peine qui aurait fait l'objet d'une décision de libération conditionnelle devait être suivie de la relégation, il pourra être sursis à l'exécution de cette dernière mesure, et le condamné sera, en conséquence, laissé en France, sauf droit de révocation, ainsi qu'il est dit au présent article.

Le droit de révocation prendra fin en ce cas, s'il n'en a été fait usage pendant les dix années qui auront suivi la date d'expiration de la peine principale.

ART. 3.

Les arrêtés de mise en liberté sous conditions et de révocation sont pris par le Ministre de l'intérieur:

S'il s'agit de la mise en liberté, après avis du préfet, du directeur de l'établissement ou de la circonscription pénitentiaire, de la commission de surveillance de la prison et du parquet près le tribunal ou la cour qui a prononcé la condamnation ;

Et, s'il s'agit de la révocation, après avis du préfet et du procureur de la République de la résidence du libéré.

ART. 4.

L'arrestation du libéré conditionnel peut toutefois être provisoirement ordonnée par l'autorité administrative ou judiciaire du lieu où il se trouve, à la charge d'en donner immédiatement avis au Ministre de l'intérieur.

Le Ministre prononce la révocation, s'il y a lieu.

L'effet de la révocation remonte au jour de l'arrestation.

ART. 5.

La réintégration a lieu pour toute la durée de la peine non subie au moment de la libération.

Si l'arrestation provisoire est maintenue, le temps de sa durée compte pour l'exécution de la peine.

ART. 6.

Un règlement d'administration publique déterminera la forme des permis de libération, les conditions auxquelles ils peuvent être soumis et le mode de surveillance spéciale des libérés conditionnels.

L'administration peut charger les sociétés ou institutions de patronage de veiller sur la conduite des libérés qu'elle désigne spécialement et dans les conditions qu'elle détermine.

TITRE II.

PATRONAGE.

ART. 7.

Les sociétés ou institutions agréées par l'administration pour le patronage des libérés reçoivent une subvention annuelle en rapport avec le nombre de libérés réellement patronnés par elles, dans les limites du crédit spécial inscrit dans la loi de finances.

ART. 8.

Dans le cas du paragraphe 2 de l'article 6, l'administration alloue à la société ou institution de patronage une somme de 5o centimes par jour pour chaque libéré pendant un temps égal à celui de la durée de la peine restant à courir, sans que cette allocation puisse dépasser 1oo francs.

DISPOSITION TRANSITOIRE.

ART. 9.

Avant qu'il ait pu être pourvu à l'exécution des articles 1, 2 et 6, en ce qui touche la mise en pratique du régime d'amendement et le règlement d'administration publique à intervenir, la libération conditionnelle pourra être prononcée à l'égard des condamnés qui en auront été reconnus dignes dans les cas prévus par la présente loi, trois mois au plus tôt après sa promulgation.

TITRE III.

RÉHABILITATION.

ART. 10.

Les articles 630, 631 et 632 du Code d'instruction criminelle sont supprimés.

Les articles 621, 623, 624, 628, 629, 633 et 634 du même Code sont modifiés ainsi qu'il suit :

ART. 621. — Le condamné à une peine afflictive ou infamante ne peut être admis à demander sa réhabilitation s'il n'a résidé dans le même arrondissement depuis cinq années, et pendant les deux dernières dans la même commune.

Le condamné à une peine correctionnelle ne peut être admis à demander sa réhabilitation s'il n'a résidé dans le même arrondissement depuis trois années, et pendant les deux dernières dans la même commune.

Les condamnés qui ont passé tout ou partie de ce temps sous les drapeaux, ceux que leur profession oblige à des déplacements inconciliables avec une résidence fixe, pourront être affranchis de cette condition s'ils justifient, les premiers, d'attestations satisfaisantes de leurs chefs militaires, les seconds, de certificats de leurs patrons ou chefs d'administration constatant leur bonne conduite.

Ces attestations et certificats sont délivrés dans les conditions de l'article 624.

ART. 623. — Il doit, sauf le cas de prescription, justifier du payement des frais de justice, de l'amende et des dommages-intérêts ou de la remise qui lui en a été faite.

A défaut de cette justification, il doit établir qu'il a subi le temps de contrainte par corps déterminé par la loi, ou que la partie lésée a renoncé à ce moyen d'exécution.

S'il est condamné pour banqueroute frauduleuse, il doit justifier du payement du passif de la faillite en capital, intérêts et frais, ou de la remise qui lui en a été faite.

Néanmoins, si le demandeur justifie qu'il est hors d'état de se libérer des frais de justice, la cour peut accorder la réhabilitation même dans le cas où ces frais n'auraient pas été payés ou ne l'auraient été qu'en partie.

En cas de condamnation solidaire, la cour fixe la part des frais de justice, des dommages-intérêts ou du passif qui doit être payée par le demandeur.

Si la partie lésée ne peut être retrouvée, ou si elle refuse de recevoir, il est fait dépôt de la somme due à la Caisse des dépôts et consignations dans la forme des articles 812 et suivants du Code de procédure civile; si la partie ne se présente pas dans un délai de cinq ans, pour se faire attribuer la somme consignée, cette somme est restituée au déposant sur sa simple demande.

Art. 624. — Le procureur de la République provoque des attestations des maires des communes où le condamné a résidé, faisant connaître :

1° La durée de sa résidence dans chaque commune, avec indication du jour où elle a commencé et de celui où elle a fini;

2° Sa conduite pendant la durée de son séjour;

3° Ses moyens d'existence pendant le même temps.

Ces attestations doivent contenir la mention expresse qu'elles ont été rédigées pour servir à l'appréciation de la demande en réhabilitation.

Le procureur de la République prend, en outre, l'avis des juges de paix des cantons et celui des sous-préfets des arrondissements où le condamné a résidé.

Art. 628. — La cour, le procureur général et la partie ou son conseil entendue, statue sur la demande.

Art. 629. — En cas de rejet, une nouvelle demande ne peut être formée avant l'expiration d'un délai de deux années.

Art. 633. — Si la réhabilitation est prononcée, un extrait de l'arrêt est adressé par le procureur général à la cour ou au tribunal qui a prononcé la condamnation, pour être transcrit en marge de la minute de l'arrêt ou du jugement. Mention en est faite au casier judiciaire. Les extraits délivrés aux parties ne doivent pas relever la condamnation.

Le réhabilité peut se faire délivrer une expédition de la réhabilitation et un extrait du casier judiciaire sans frais.

Art. 634. — La réhabilitation efface la condamnation et fait cesser pour l'avenir toutes les incapacités qui en résultaient.

Les interdictions prononcées par l'article 612 du Code de commerce sont maintenues, nonobstant la réhabilitation obtenue en vertu des dispositions qui précèdent.

Les individus qui sont en état de récidive légale, ceux qui, après avoir obtenu la réhabilitation, auront encouru une nouvelle condamnation, ne seront admis au bénéfice des dispositions qui précèdent qu'après un délai de dix années écoulées depuis leur libération.

Néanmoins, les récidivistes qui n'auront subi aucune peine afflictive ou infamante et les réhabilités qui n'auront encouru qu'une condamnation à une peine correctionnelle seront admis au bénéfice des dispositions qui précèdent, après un délai de six années écoulées depuis leur libération.

ART. 11.

La présente loi est applicable aux colonies, sous réserve des dispositions des lois ou règlement spéciaux relatifs à l'exécution de la peine des travaux forcés.

ART. 12.

Un rapport sur l'exécution de la présente loi, en ce qui touche la libération conditionnelle, sera présenté chaque année par le Ministre de l'intérieur à M. le Président de la République.

La présente loi, délibérée et adoptée par le Sénat et par la Chambre des Députés, sera exécutée comme loi de l'État.

Fait à Mont-sous-Vaudrey, le 14 août 1885.

Signé : JULES GRÉVY.

Par le Président de la République :

Le Ministre de l'intérieur,

Signé : H. ALLAIN-TARGÉ.

TABLE DES MATIÈRES.

DATES des LOIS ET DÉCRETS.	DÉSIGNATION DES LOIS ET DÉCRETS.	PAGES.
Du 27 mai 1885.	Loi sur la relégation des récidivistes..............	6
Du 26 nov. 1885.	Décret, portant règlement d'administration publique pour l'application de la loi du 27 mai 1885, sur la relégation des récidivistes.....................	13
Du 14 août 1885.	Loi sur les moyens de prévenir la récidive (libération conditionnelle, patronage, réhabilitation).........	25

Imprimerie nationale. — Avril 1886.